AF250967

A TOUTES LES PERSONNES

ÉPROUVÉES PAR

LA CATASTROPHE DU 4 MAI

Lettre de Consolation

MOULINS

IMPRIMERIE ÉTIENNE AUCLAIRE

SUCCESSEUR DE C. DESROSIERS

1897

A TOUTES LES PERSONNES

ÉPROUVÉES PAR

LA CATASTROPHE DU 4 MAI

Lettre de Consolation

MOULINS

IMPRIMERIE ÉTIENNE AUCLAIRE

SUCCESSEUR DE C. DESROSIERS

1897

Le monde n'était pas digne de les posséder plus longtemps. Frères bien-aimés, en voyant les bons et les saints souffrir ici-bas, peut-être quelqu'un parmi vous est-il tenté de penser et de dire : « Pour sûr le Maître du monde ne s'occupe pas des hommes. » O vous qui que vous soyez, du moment que vous mesurez l'épreuve des saints, veuillez mesurer aussi la récompense.

(St Eucher, év. de Lyon.)

Nos Chers Frères en Jésus-Christ,

Autrefois nos pères s'écrivaient des lettres de consolation. C'est bien le cas, ce nous semble, de suivre leur exemple, au lendemain de la catastrophe lamentable qui a plongé tant de familles dans la douleur. J'ose donc vous offrir quelques réflexions qui me paraissent capables non pas de sécher vos larmes, mais au moins de les adoucir. Ces réflexions venant d'un vieux prêtre qui habite presque le seuil du sanctuaire des apparitions du Sacré-Cœur, à Paray-le-Monial, emporteront peut-être avec elles un baume consolateur tout particulier.

I

Ce qui nous console singulièrement, quand nous avons la douleur de perdre une personne qui nous est chère, c'est la sympathie, l'affection qu'on nous témoigne, la part qu'on prend à notre deuil.

Hé bien ! nos chères victimes ont été pleurées par tout le monde en France, jusque dans le dernier village. Aujourd'hui tout le monde lit un journal, et ceux qui ne lisent pas aiment néanmoins à savoir ce qu'il apprend. Nous avons vu une pauvre femme du peuple pleurer dans la rue au récit de la mort de tant de nobles victimes et nous l'avons entendue s'écrier : « O les chères âmes, que le bon Dieu les mette bien dans son paradis ! »

Non seulement on les a pleurées, mais tout le monde a encore prié pour elles : Notre Saint-Père le Pape, tous les évêques, tous les prêtres, toutes les communautés religieuses, tous les fidèles, les pauvres surtout : on l'a bien vu à Montmartre où tant de miséreux trouvent le pain de l'âme en même temps que celui du corps. « O les chères âmes, que le bon Dieu les mette bien dans son paradis ! » Telle est certainement la supplication touchante qui, d'un bout de la France à l'autre, j'allais dire d'un bout de l'Europe à l'autre, s'est élevée de tous les cœurs vers le trône de la miséricorde, en faveur de nos chères victimes. Et à ces prières, il faut joindre les messes sans nombre qui ont été offertes aux mêmes intentions.

Qui pourra dire la puissance d'une pareille intercession sur le cœur de Dieu ! Si nos chers défunts étaient morts au sein de leurs familles auraient-ils eu tous ces regrets, toutes ces messes, toutes ces communions, toutes ces prières ? Evidemment non. Il y a là une source de consolation si abondante qu'il semble que Dieu ait voulu l'égaler à l'épreuve.

II

Ce qui doit encore nous consoler, c'est la mort héroïque et glorieuse de ceux que nous pleurons.

Souvent les gens du peuple ont un à-propos tout particulier pour trouver le mot qui convient aux choses. Ainsi un ouvrier, en nous parlant de la mort de toutes ces nobles victimes, nous disait dans son admiration : « Ça, c'est une mort *splendide !* »

Oui, elles ont fait une mort *splendide*, éclatante de beauté. Qu'est-ce qui rend une mort belle à nos yeux ? C'est d'abord la cause pour laquelle on meurt. Or, elles ont trouvé la mort en pratiquant la charité et en la pratiquant jusque dans la mort. Elles s'occupaient à de bonnes œuvres, quand elles ont été frappées, et un grand nombre qui auraient pu se sauver n'ont pas voulu le faire aux dépens des autres. Mais il n'y a rien de plus beau aux yeux de Dieu comme aux yeux des hommes. « On ne peut donner une plus grande marque d'amour à ses frères que de mourir pour eux », dit Jésus-Christ lui-même, dans l'Évangile. — Ce sont aussi les sentiments avec lesquels on meurt. Sous ce rapport, leur mort a été non seulement belle, mais encore héroïque.

L'Eglise nous enseigne que Dieu proportionne toujours ses grâces à l'épreuve. Il y eut donc, au moment de la terrible catastrophe qui nous occupe, une distribution abondante et surabondante de force, de courage, de résignation, de fermeté dans le péril, de soumission à la volonté du ciel, de générosité, de magnanimité, de dévouement, de détachement, d'amour divin. Peut-on admettre que nos chères victimes n'en aient pas profité ? En se voyant appelées à faire le grand sacrifice, n'ont-elles pas donné vaillamment leur vie à Dieu ?

N'ont-elles pas accepté la mort avec une soumission pleine et entière, avec une amoureuse résignation ? En un mot, l'amour divin n'a-t-il pas triomphé de la faiblesse humaine ? Mais cette disposition d'âme est tout simplement de l'héroïsme, l'héroïsme du martyre. Parmi elles, beaucoup étaient d'une grande piété, et habituées à faire des actes d'abandon au bon plaisir de Dieu. Comme leur âme s'est vite retrouvée au moment suprême ! A-t-elle même ressenti le moindre trouble ? Beaucoup de ces vaillantes femmes brûlaient d'un zèle ardent pour le salut du prochain : n'ont-elles pas songé tout d'abord à suggérer aux autres les sentiments qui remplissaient leur cœur, et à prononcer à haute voix, dans un saint enthousiasme, quelques paroles pleines d'amour pour Dieu et de confiance en sa bonté infinie ?

Quand nos glorieux martyrs de la Commune, il vous en souvient, marchaient à la mort, une voix s'éleva parmi eux qui disait : « Allons, Messieurs, pour le bon Dieu ! » Et cette seule parole releva les courages et réconforta les cœurs. Nous ne doutons pas que pareille scène se soit produite au Bazar de la Charité.

On se demande pourquoi Dieu a permis qu'un de nos plus braves généraux, que tant de combats héroïques avaient épargné, se trouvât au milieu des victimes. Lui seul le sait, sans doute. Mais ne peut-on pas chercher à le comprendre ? Il y avait à coup sûr au Bazar de la Charité, un certain nombre de personnes mourant de frayeur avant de mourir du feu. Combien ont dû, en voyant le général, se précipiter vers lui comme pour lui demander secours ! Et cet homme de guerre, aussi calme qu'un jour de bataille, habitué à sourire à la mort, les a certainement réconfortées par un de ces mots énergiques et encourageants, familiers aux vieux militaires.

Il existe déjà, paraît-il, une complainte sur le douloureux événement. Nous n'en connaissons qu'un couplet, mais d'une naïveté touchante. Une sœur de charité, voyant venir la mort, saisit le bras du général en lui disant : « Eh bien ! mon général, nous allons aller au ciel ensemble ! » et pour toute réponse, le général s'écrie : « En avant, marche ! » On ne peut pas dire que cette parole ait été prononcée. Mais pourquoi cette charmante supposition ne se rapprocherait-elle pas de la réalité ? Le sentiment populaire ne se trompe guère en pareil cas. Notre vaillant général aurait donc été choisi de Dieu pour remplir le glorieux rôle de saint Maurice, au milieu de sa légion de martyrs.

Comme tout cela est beau ! comme tout cela est grand ! sublime !

III

N'allons donc pas nous attrister inutilement au spectacle des ravages de la mort. Ces ravages n'ont été horribles que pour nous. Ce qui a fait le plus souffrir nos chers défunts, c'est surtout l'effroi du premier moment, quand ils se sont vus entourés par les flammes et dans l'impossibilité de fuir. Mais pour le supplice du feu en lui-même, il a été rapide comme l'éclair, au dire même des médecins. Dès l'instant que l'air s'est trouvé surchauffé et qu'il eut cessé d'être respirable, il y a eu asphyxie subite, par conséquent absence de douleur. On voit des morts plus effrayantes, ce nous semble. Dans quel état les accidents de chemin de fer, par exemple, ne mettent-ils pas les corps de ceux qui en sont victimes !

Ce que nous devons considérer ici, c'est que leur purgatoire a été court. La foi nous enseigne que rien de souillé n'entrera dans le royaume du ciel et que toute faute non expiée en cette vie le sera dans l'autre, par une peine dont la durée dépend de la justice divine. Or, nos chères victimes ont fait leur purgatoire en mourant, en passant de vie à trépas, pour ainsi dire. En est-il de plus court ? Elles passent rapidement par le feu, et cette souffrance rapide, jointe à l'amour de Dieu qui brûlait déjà dans leur cœur, suffit pour les purifier des moindres taches et les rendre dignes d'être admises, avec la robe d'innocence, au banquet des noces éternelles. Quelle pensée consolante !

IV

La voici donc qui arrive à la porte du ciel, cette nombreuse légion de saintes femmes. Quel redoublement de joie parmi les bienheureux ! quels chants de triomphe ! Quel beau cortège ! En tête, saint Michel, le glorieux archange, chef de la milice céleste. Il a pour office d'introduire les âmes dans le fortuné séjour. Il s'avance, tenant par la main notre vaillant général, mort victime de la charité. Puis, sainte Monique et la vénérable Jeanne d'Arc : sainte Monique que nos Mères chrétiennes ont prise pour patronne et non sans motif : leur existence ressemble sous tant de rapports à la sienne ! Or, c'était sa fête ce jour-là, et la sainte avait obtenu de Dieu que sa fête commencée sur la terre se clôturât dans le ciel... C'était aussi l'époque où nous rendons des honneurs publics à la vénérable Jeanne d'Arc. La vierge-martyre, qui a tant aimé la France, pouvait-elle oublier des sœurs si dévouées à son culte national. Elle leur a certainement obtenu le courage de traverser vaillamment une épreuve qu'elle avait connue la première et d'une façon bien plus effrayante... Ce sont enfin des troupes d'anges qui les entourent, qui les accompagnent, qui les saluent, qui sèment des palmes et des couronnes sous leurs pas, qui se réjouissent, qui chantent... Encore une fois, quel cortège magnifique ! Comme on voudrait en être ! Rien que pour le voir, on passerait par le feu !...

Les voici devant le souverain Juge. Ecoutons en silence ce qu'Il va leur dire : « Venez les enfants bénis de mon père, venez prendre possession du royaume que je vous ai préparé depuis le commencement du monde ! Car j'ai eu faim et vous m'avez donné à manger ; j'ai eu soif et vous m'avez donné à boire ; j'étais sans asile et vous m'avez recueilli ; nu et vous m'avez donné des vêtements ; malade et vous m'avez visité. »

Ce sont bien là toutes les œuvres dont s'occupaient nos chères défuntes. Aucune n'est oubliée.

Et dans leur agréable surprise d'entendre ces paroles, elles s'écrient toutes en chœur : « Mais, Seigneur, quand est-ce donc que nous vous avons vu avoir faim et que nous vous avons donné à manger, et avoir soif et que nous vous avons donné à boire ? Quand est-ce donc que nous vous avons vu sans asile et que nous vous avons recueilli, ou nu et que nous vous avons donné des vêtements ? Quand est-ce donc que nous vous avons vu malade et que nous sommes venus vous visiter ? »

« Et le Roi leur a dit : « Je vous le déclare, ce » que vous avez fait au plus petit d'entre mes » frères, c'est à moi que vous l'avez fait. »

Cette admirable page de l'Evangile ne semble-t-elle pas avoir été écrite tout exprès pour nos glorieux morts du Bazar de la Charité ?

Mais ce n'est pas tout. Nous venons de les voir — en esprit — à leur entrée dans le ciel ; nous les verrons encore au jour du jugement général, — et cette fois nous y serons en corps et en âme ; — et nous entendrons le Roi des siècles leur adresser les mêmes paroles, les mêmes louanges devant tous les hommes réunis. Quel triomphe ! quelle gloire ! En vérité, on pleure de joie en contemplant toutes ces scènes ravissantes. O chères âmes, qui nous dira vos saints transports ! Comme vous bénirez alors votre martyre !

V

Ce qui doit nous consoler, mes chers frères en Jésus-Christ, c'est, non seulement la sympathie universelle, les prières de tout le monde, la mort *splendide* de nos bien-aimés défunts, la rapidité de leur purgatoire, leur bonheur, mais encore le bien immense qu'ils ont fait depuis leur mort et qui va continuer. Voyez plutôt.

Dès le lendemain de la terrible catastrophe, toutes les haines s'apaisent, toutes les colères se calment, tous les cœurs se rapprochent, toutes les classes de la société auparavant divisées se trouvent unies dans le même sentiment de sympathie et de foi en Dieu.

Les hommes du gouvernement qui jusqu'ici affectaient une neutralité religieuse déplorable, ont osé prononcer et écrire le nom de Dieu dans des dépêches publiques. Non seulement cela, mais ils ont d'eux-mêmes demandé un service religieux auquel ils ont tous assisté, dans la superbe basilique de Notre-Dame, depuis si longtemps témoin de nos tristesses comme de nos gloires nationales. Et ce jour-là, on a vu des hommes faire, sans respect humain, le signe de la croix qu'ils n'avaient plus osé faire depuis leur première communion peut-être. Et à cette cérémonie grandiose et unique dans nos annales, on remarquait les représentants de toutes les puissances du monde, en grand uniforme. Or, jusqu'alors nous leur donnions le triste spectacle d'un peuple sans croyance comme sans culte. Ne dirait-on pas que Dieu veut se servir de nos saintes victimes pour ranimer sa pensée dans les esprits et ramener à lui une foule d'égarés ou d'indifférents ?

Il semble que le terrible événement allait diminuer et ralentir la charité de la France. Bien au contraire, elle se montre avec un éclat tout nouveau qui va resplendir sur le monde entier et lui apprendre ce que sont les cœurs des dames françaises. Voilà venir, non plus l'aumône qui calcule, mais l'aumône qui ne compte pas ; voilà des offrandes d'un million ! ce qu'on n'avait pas encore vu jusqu'ici. Réjouissez-vous, pauvres de la France, si vos bienfaiteurs sont morts, ils ne vous ont pas abandonnés et ils ne vous abandonneront pas !

Et ce monument, cette chapelle, qui va s'élever sur le lieu de l'incendie, quel honneur pour les saintes victimes et quelle consolation pour leurs familles ! Ce sera certainement un des sanctuaires les plus fréquentés de Paris. Tous les parents et tous les amis des nobles victimes aimeront à y venir souvent prier et chercher des consolations. Tous les étrangers visitant la capitale y viendront aussi s'instruire et s'édifier. Les noms des martyrs gravés sur le marbre, comme ceux de nos braves tombés au champ d'honneur, seront une prédication muette mais éloquente. Ce n'est pas tout. Cette chapelle deviendra le centre de la dévotion aux âmes du purgatoire. Des messes y seront célébrées pour elles constamment et en grand nombre. Toutes les familles riches des victimes voudront y faire des fondations. Or, comme les victimes elles-mêmes n'auront plus besoin de nos suffrages, étant depuis longtemps dans le lieu de repos, de lumière et de paix, le fruit de ces saints sacrifices sera appliqué, selon les intentions de l'Eglise, aux âmes délaissées pour lesquelles personne ne prie sur la terre.

Voilà quelque chose du bien qu'aura produit la glorieuse mort de vos mères, de vos épouses, de vos filles, de vos parentes, de tous les êtres aimés que vous pleurez.

VI

Mais la suprême consolation sera de prier les saintes victimes elles-mêmes, de les invoquer, de vous mettre sous leur protection. Et elles ne manqueront pas d'intercéder pour vous : elles vous aiment plus encore que sur la terre, puisque le ciel perfectionne l'amour et l'élève au plus haut degré ; et, par le bien qu'elles ont déjà opéré, voyez combien leur intercession est puissante auprès de Dieu.

Maintenant, Nos chers frères en Jésus-Christ, supposons que nous sommes encore au matin du 4 mai et que Notre-Seigneur, apparaissant tout à coup, a réuni autour de lui, au Bazar de la Charité, toutes nos chères victimes. « Mes filles bien-aimées, leur dit-il, jamais la charité de la France ne s'est mieux montrée. Cette charité exemplaire a touché le cœur de mon Père, et, d'après ses décrets éternels, il doit la récompenser aujourd'hui d'une manière digne de lui, digne d'elle et digne de vous. C'est vous qu'il a choisies pour la représenter : c'est à vous qu'iront les couronnes. Et quelles couronnes ! — Les plus belles qu'il puisse donner : — celles du martyre. Mais pour que vous en jouissiez sans retard, il faut que vous soyez purifiées des moindres souillures de la terre. L'expiation sera courte. Vous passerez comme par le feu... Cette mort frappera les esprits et rappellera à tous l'avertissement que j'ai si souvent donné, d'être toujours prêt. Votre sacrifice, uni au mien, contribuera à expier tant de fautes déplorables de votre patrie, — de cette France que mon Père s'obstine à aimer et qu'il veut sauver à tout prix, — et en même temps ouvrira pour elle une nouvelle source de bienfaits sans nombre.... Consentez-vous à faire la volonté de mon Père, comme je vous en ai donné l'exemple ?...

Je demande s'il en est une seule, parmi ces vaillantes femmes, qui aurait hésité. Toutes, au contraire, se seraient prosternées aux pieds du Sauveur Jésus, les auraient embrassés avec amour et auraient répondu : « Nous sommes les servantes du Seigneur, qu'il nous soit fait selon votre parole ! »

Dieu a présumé leur consentement, au lieu de le demander : voilà toute la différence. Et cette différence constitue le plus bel éloge : Dieu était sûr d'elles.

Nous comprenons tous vos regrets, Nos très chers frères en Jésus-Christ, vous auriez voulu des adieux et les dernières recommandations. Mais ces adieux n'eussent-ils pas affaibli les courages, en déchirant les cœurs ?... Ecoutez les dernières recommandations qu'elles vous adressent du haut du ciel : « Au revoir, nos bien-aimés, au revoir et à bientôt ! La séparation ne sera pas longue et nos âmes restent unies. Nous vous attendons. Nous comptons sur vous. Nous vous aiderons. Courage ! Soyez fidèles à Dieu et à l'Eglise. Un bonheur sans fin ne peut s'acheter trop cher. Courage donc !... »

O doux Cœur de Jésus, consolez vous-même tous ceux qui pleurent. Consolez les enfants qui pleurent leurs mères, les époux qui pleurent leurs compagnes, les pères et les mères qui pleurent leurs filles. Entr'ouvrez le ciel pour eux, et qu'ils voient dans la gloire toutes nos chères victimes heureuses et triomphantes.

*
* *

J'ai fini. Si cette lettre vous apporte un peu de consolation, veuillez prier pour le vieux prêtre qui vous l'a adressée, afin qu'il fasse, lui aussi, une bonne mort et un court purgatoire.

Abbé CHAUMET,

Chan. hon.
Ancien curé.

Paray-le-Monial (Saône-et-Loire), Mai 1897.